Chris Marvil

Confidentiel

Poèmes indociles

poésie / la gouttière

Préface

Etrange personnage que ce poète frêle et discret qui se qualifie plutôt de rêveur. Pareil à ces S.D.F. ostracisés par nos bons notables aux sceptres de premiers magistrats, il apparaît et disparaît au fil des heures, de terrasses ensoleillées en coins de troquets enfumés, un mégot sans âge à ses lèvres. D'âge, lui n'en a pas : tout à la fois vieillard rattrapé par la blanche pilosité de l'hiver et enfant aussi curieux qu'insouciant, au sourire tendre et généreux, le petit bonhomme traverse la terre comme s'il venait de surgir du néant.

Sa capacité à goûter, sentir, écouter et observer ce monde sans pour autant s'en saisir comme tous ceux pour qui la découverte est synonyme de possession, cette aptitude à s'ouvrir à l'autre, à être l'éponge de la sueur des mots, à se faire plaque sensible à la lumière de la pensée, ce génie là est sans doute celui qui fait de ce griffonneur de carnets un homme pleinement poète tout autant qu'un poète profondément humain.

Ainsi donc, Chris Marvil est un visage en parallèle du nôtre, c'est-à-dire un voyageur sans contraintes – ou si peu – qui a choisi, après une vie tout à fait commune, de s'arracher à ces chaînes qui nous aliènent, de rompre avec les habitudes et les stéréotypes décervelés, et de partir à la recherche de ce qui manque tant à la cité désincarnée : un homme. Tel un Diogène égaré de son antique sentier, le voici sur le macadam, en inlassable scrutateur de décisions conditionnées et intarissable commentateur d'existences sans queue ni tête. Car c'est bien par sa verve coulée dans l'humour et la défiance, que le maigre et petit colporteur de vers dénonce le délire consumériste actuel et ses panoplies de gadgets assimilés aux premières nécessités du citoyen en pantoufles. Chris, lui, ne porte pas de chaussures conventionnelles, même quand il gèle, mais de simples sandales en lanières de cuir, contribuant à son allure hellénique et itinérante.

Le gaillard ne s'affirme pas pour autant sage. Loin de là ! Il n'est qu'un voisin décalé de nos châteaux illusoires, un ami qui nous offre en ses textes un certain recul sur nous-mêmes, un prophète laïque de la folie financière, qui nous exhorte à rechercher l'essentiel... Cet essentiel qui nous tourne le dos comme nous le faisons à nous-mêmes.

En fait, ce n'est pas Chris Marvil qui est infantile mais bien chacun de nous, face à l'objet, jouet de son envie. Ce n'est pas Chris Marvil qui est déjà vieux mais bien chacun de nous face aux prodigieux talents de la nature dans ses plus simples et quotidiens mouvements. Ce n'est pas Chris Marvil qui est à côté de la vie mais bien chacun de nous oubliant ses plus profonds désirs pour fabriquer sa semaine sur l'étalon commun du bien-pensantisme et de la frénésie socio-professionnelle. Non, ce vagabond est en fait celui qui s'est arrêté, s'est assis et nous regarde, la tête entre ses mains, constatant les dégâts. Ce petit homme est bien plus grand qu'il n'en a l'air, face à nous qui nous comportons souvent comme des nains de l'âme, incapables de lire l'horizon du sens et de quitter nos convenances cravatées pour une vie à réinventer.

Si la poésie devait être réduite à une seule fonction, celle-ci serait sans doute de procréer à chaque instant, à chaque vers, à chaque métaphore, le monde à renaître et son ombilic insondable. C'est pourquoi sa démarche est si pertinente, aussi impertinent que puisse être l'auteur, et notamment son sacerdoce de faire de la poésie un mode d'existence à part entière. Chez Chris Marvil, la poésie est d'abord une attitude avant d'être un art et moins encore une science.

Ce premier recueil, qui en appelle d'autres, n'a pas la prétention d'une haute maîtrise prosodique ni d'un style élégamment littéraire. Il ne s'affirme pas en tant que thèse élaborée sur un sujet précis préoccupant le poète. Non, cet ouvrage confidentiel est conçu comme une simple note de service sur l'état de nos vies et de nos consciences ; une lettre de change pour nous dépouiller de ce qui nous pèse inutilement ; une bouteille à la mer sur les océans d'immondices qui reflètent nos cerveaux embrouillés.

La clarté de ces poèmes ainsi que leur spontanéité, rappelant ceux de Prévert, rafraîchissante et réfléchissante à la fois, leur capacité à nous dire ce que nous sommes et où nous sommes, cela avec une efficace simplicité, ont suscité chez des comédiens le désir de les mettre en scène et d'incarner ce vagabond aux pieds nus. C'est justice. Que ces vers sur pages et planches puissent rencontrer lectorat et public ; que les idées du poète en vacance de nos rythmes aliénants puissent susciter d'autres fuites et, pourquoi pas un jour, la grande évasion collective ; que la personnalité de l'homme puisse être perçue et reconnue à la hauteur du supplément d'humanité qu'elle nous apporte.

C'EST VERS - LAINE
OUI UN POÈTE DES PRÈS VERTS !

Introduction

Chaque mot est tout à la fois :
Une histoire commune,
Son concept et sa définition,
Son état civil en quelque sorte ;
Une interprétation individuelle,
D'humeur variable d'un instant à l'autre,
Comme des enfants au jeu.

Pour cet aspect vivant,
Jamais apprivoisés,
Les mots ont un charme fou.

Et ainsi de la langue,
Codée et protégée par les académies,
Elle se fige.

Pour lui permettre de vivre,
Osons la bousculer un peu,
Sinon elle va mourir.

Nous voilà arrivés au sens étymologique
Du mot poésie : création de langage.

Mots compliqués

ACATALEPSIE : avec un nom pareil, doit être une maladie grave, bien que trop peu contagieuse cette incapacité à se forger une quelconque certitude durable.

ANNONCE : n°1 mondial en Génie Génétique cherche toujours un scientifique intelligent. Voilà un exemple d'annonce désespérée.

ARBRE : sage être vivant bien là où il naît. Sans l'illusion d'un ailleurs meilleur, n'éprouve aucun besoin de se déplacer. Auberge à oiseaux. Survit souvent à l'attentat des tronçonneuses en devenant poutre, sculpture, meuble ou perchoir à fil téléphonique.

ARGENT : papiers contaminés soupçonnés d'être responsable de maladies incurables.

BALLADE : courtes vacances en qualité d'invité sur Terre, vie.

BIEN : haut d'une échelle en porte à faux.

CALME : contraire d'agité mais aussi malheureusement obéissant, voire frustré à force d'être trop calme.

CERTITUDE : bouée trouée

CHARME : stratagème fait d'un ensemble de menus défauts craquants et attendrissants bien mis en évidence pour cacher les autres.

CHERCHEUR : espèce de fouineur qui s'évertue à ne jamais rien trouver. Y'a pas d'embauche pour les trouveurs. La profession n'existe même pas.

COULEURS : diverses composantes de la lumière ou diverses facettes d'un individu. Ne dit-on pas, haut en couleurs ?

CURIOSITÉ : magnifique qualité enfantine. Lorsqu'elle fait défaut survient le savoir.

DEMAIN : espoir ou illusion ?

DIPLOMATE : menteur bien éduqué ou goupil.

DIVORCE : lendemain de « je t'aime »'s de passage.

ÉCHINOPE : hep ! mademoiselle ! ne te mets pas en colère si quelqu'un te traite d'échinope ; c'est une fleur naturellement très belle et, de plus, durable.

(S') ÉVAPORER : mourir sans laisser de sales traces de son passage.

EXOSPHÈRE : frontière floue entre ici et ailleurs. Et aussi, l'endroit précis où s'allument les étoiles filantes.

GRAND : supérieur.

GÉNOCIDE : à grand coup de sérieux, les vieux matraquent la jeunesse flamboyante, par jalousie. Voilà le vrai génocide.

(LES) GENS : tous sauf un, devine lequel. Comme c'est curieux !

GOUTTE D'EAU : n'importe qui, pourquoi pas toi.

GRÊLON : imagine un commando prêt à tuer sans discernement, juste parce que c'est un ordre !

HABIT : caractéristique humaine qui ne se trouve pas beau au naturel. Habillé, il peut paraître moine, PDG, VIP, sportif, actuel ou top-model. Au fond de moi, j'apprécie davantage une femme nue que fringuée par Dior. Et toi, Madame, à quoi rêves-tu certaines nuits ?

HIER : mémoire ou oubli, ça dépend des cerveaux.

HOMME : atome de sociétés. Plus rarement, individu.

INDIFFÉRENCE : amalgame, tout ce que tu ne veux pas voir comme ayant un caractère unique.

INDIVIDU : objet mal défini, réputé pour jouer les trouble-fête dans la grande organisation policée.

INGÉNIEUR : (in : privatif) sans génie. Drôle de profession méthodiquement inventée par Descartes.

IGNORANCE : don de ne pas savoir. Tout ce à quoi tu ne prêtes pas attention. Les jeunes enfants ne sont pas ignorants : eux seuls prennent le temps de tout regarder.

INUTILE : (in : privatif) même pas utile. Nous voilà bien avancé puisque utile reste indéfinissable.

JE : toi, celui qui lit. Ne le traduis pas en il. Ainsi tu risquerais de réduire les poèmes à leur sens le plus étriqué. Quand le soleil regarde la lune, pensif, il se dit : J'éclaire la lune qui fait rêver les hommes. Quand un asticot, parmi des milliers d'autres, grignote une charogne, il dit : JE mange pour nettoyer la Terre, sans moi, elle serait jonchée de cadavres, invivable. Tout compte fait, JE est bien utile.

MAIN : principal outil de l'homme pouvant servir à tendre ou à prendre selon les individus.

MAL : avoir mal, se sentir mal, quoi de plus normal. Pas d'avis quant aux autres sens, si variables d'une chapelle à l'autre.

MODERNE : l'un des rares concepts qui ne change pas à travers les âges. Comme quoi, rien ne bouge!

NUAGE : tâche dans le ciel qui fait de l'ombre pour qui veut s'y reposer. Pendant ce temps, pleut son averse sur les plantes que je devais arroser. Dis-lui merci !

NUIT : seconde moitié de la journée. Il semble bon de le rappeler aux citadins qui allument systématiquement la lumière quand elle vient. Auraient-ils peur d'elle et d'une moitié d'eux-mêmes ?

OMBRE : seconde moitié de soi.

ORAGE : la nature n'est pas toujours tendre. Parfois elle hausse le ton en bonne mère de famille pour montrer nos petites limites.

OSER : contraire de scléroser.

PARADOXE : tout et son contraire. Exemple : plus on cherche à s'éloigner de soi, plus il s'approche. Les enfants ont une vie sans tabou, les grands se meurent d'interdits.

PARFUM : une seule goutte de femme et te voilà parfumé pour la vie. De là, l'expression : mettre au parfum.

PDG : animal clinquant de la modernité, à caresser dans le sens du poil. Sinon, gare aux bombes antipersonnel.

PETIT : normal. Sympathique de surcroît, donc pas grand (voir à : grand)

PETIT CAILLOU : quidam, tout grain de sable et son utilité. Évidemment unique, très différent de son voisin qui, a priori, semble être son jumeau.

PHILOSOPHE : celui qui dit qu'il pense ? Que nenni non ! Celui qui est, même dans l'ignorance.

PORTE : invitation. Genre de paravent servant à cacher les ignorances. Il est des indiscrets qui veulent tout le temps découvrir ce qu'il y a derrière.

QUESTION : affirmation exagérée pour faire réagir l'auditeur. Plus commune est la phrase avec un « **?** » à la fin. Mais les réponses, dans ce cas, se font rares.

RAISONS : ne peuvent qu'être bonnes. Sinon elles ne pourraient justifier toutes ces erreurs dues à l'ignorance.

RÊVE : fonctionnement non productiviste des neurones. Les rêves sont menacés par la dictature actuelle qui voudrait les interdire.

ROSE : fleur cultivée par l'homme pour la femme. Riches en couleurs, formes et parfums variés, elles sont éphémères.

SCIENCES : a priori. État des ressemblances. Certitudes du moment présent.

SÉRIEUX : cancer de l'intelligence. Caractéristique humaine : normal puisque c'est le seul être qui en soit doté (selon des sommités bien informés).

SOURCE : enfant, espoir, spontanéité.

SOURIRE : le contraire de prendre et l'on y prend plaisir.

TRIPES : organes très sensibles à l'amour et aux haricots.

VITESSE : caractéristique de notre époque, c'est un très fréquent défaut de réglage des robinets de l'espace et du temps.

Le quiproquo

Fantasque à l'infini, la vie, par nature, sévit
Sur toute personne ou objet, sans nuance.
De là, s'imposaient
Deux pronoms personnels,
Pour un dialogue imaginaire,
Sans distance
Entre le sujet et le lecteur.

Lequel est je ?
Lequel est tu ?
Inutile de chercher à traduire :
C'est un choix volontaire,
Un jeu d'ambiguïté.

À fleur d'intuition : une ellipse

À torrent d'artifices,
Mer d'illusions ;
Quelle brillante raison
Me fait tant délices *

* aux frontières du constat et de la question, les points d'interrogation ou d'exclamation sont interchangeables.

L'aventure de la connaissance...
(une erreur bien humaine)

Je sais les flocons décorant les montagnes,
Leur secrète liaison,
Par torrents et ruisseaux,
Avec la mer, ses vagues,
Les poissons et coraux.

Je sais les vertus de l'aubépine,
Ses senteurs apaisantes et subtiles
Enivrant les jours d'avril.

Je sais les hirondelles,
Leur passion pour de lointains voyages.

Je sais les caméras, la radio, les avions,
Des millions de millions dépensés,
Pour entacher l'espace
Au-delà du rideau des nuages
Et toute l'eau qu'ils transportent.

Mais de toi, sur le pas de ma porte,
J'ignore tout,
Je ne sais rien,
Tellement tu me ressembles.

Symptômes de l'adulte

Chercheur ! « Qui » t'interroge ?

Chercheur impassible*,
Abandonnant ta vie
Au profit d'excellence,

Tant de peur arrogante demeure dans ta bouche
Que les mots s'y suicident.

Divine peur des erreurs,
Erreur de vivre,

Existentielle mort.

* engagé dans une impasse

Les dessous

Sous la boîte crânienne, bien rangées,
Sont gravées en mémoire
Toutes les belles idées
Que l'on a pris soin de t'inculquer.

Sous le regard appuyé
D'une fille,
Se tordent les tripes
Et le cœur bat trop vite.

Sous la couette,
Les draps fripés
Et l'indicible jeu des corps.

Sous la douche,
S'éclaircissent les pensées.

Sous l'autorité,
Rien de bon.

Vagabond

J'ai pas d'drapeaux
Et plus d'argent.
J'ai pas d'patrie
Et plus d'faux dieux.
Perdue ma montre
Donc plus d'prison.

J'ai plus d'paroles sauce-manigances,
Aucun désir d'appartenance *.
J'n'ai même plus de guerre dans mes projets.

Mais un secret :
Toutes les étoiles et tous les vents,
Tous les enfants, tous les ruisseaux
Me sont mille cadeaux
Et sourires confiants.

C'est la fortune riche de rien.
J'ai toute la terre dessous mes pieds
Et tout le ciel dans mes cheveux…

Je dors la nuit… dans l'univers
Car c'est mon choix de vagabond.

* ni possession ni soumission

Inspiré par Nina Simone chantant :
Ain't got no
Don't let me be misunderstood

Un ange fredonne

Quand tu chantes,
Mais quand, en plus, tu fermes les yeux...

Bien sûr, je suis amoureux !
Ne joue pas les ingénues !
Tu le sais bien,
Tout le monde l'est
Ou le devient…

Quand tu fermes les yeux,

Survient cette alchimie :

Ta chanson cesse d'être chanson.
Ta voix n'est plus ta voix.
Monte alors une étrange vibration
Emplie d'émotion.

C'est comme...
Un ange qui fredonne,
Pour lui seul, pour personne
Et pour l'humanité.

Un ange qui fredonne
Quand tes yeux sont fermés.

Belle planète

S'emballe le temps ?
Non ! Ce n'est que le vent
Qui turbule en Pays de Cocagne.
Ici, souvent,
Lauragais et Autan se chamaillent...

L'Autan m'a envolé
Ce sac plastique joli
À la rêve-effigie
Du consommateur pressé.

Hâtivement rempli,
Rapidement vidé
De son fourrage-hachis
Vite décongelé,
Moins d'une heure de vie
Pour se justifier.

L'Autan m'a envolé
Ce sac plastique joli comme...
Ce ballon rouge lâché

Par un enfant doux, rêveur
Qui s'élève
Vers l'inaccessible étoile
Terre.

La poésie

De simples mots
Destinés à
Susciter Ton rêve ;
Décocher une flèche
Pour te montrer Un sens.

Si tu construis Ton rêve avec tes propres pierres,
Si tu trouves Ton sens,
Et les offres en partage,

Là est sa magie :
Une fois encore,
C'était la poésie.

Malade à vie

Naturellement
Sain,
Le corps, l'esprit ouverts,
Plein,
D'espoirs, de spontanéité et d'insouciance.

Le temps tue l'enfant
Quand Papa Maman
Sont déjà endormis
Ou, pire encore, l'endort aussi :

Brutalement,
Fini l'âge d'or,
En à peine quelques secondes.
Voilà comment
Il agit :

Généreusement,
Il avait invité le sérieux
À se reposer quelques instants,
Chez lui,
Et par curiosité,
Aussi,
Lier amitié.

Malheureusement,
Il ignorait que le sérieux
Sous ses airs facétieux
Est si contagieux
Qu'en maladie incurable,
Il se transforme.

Permettre

Qui es tu ? Toi
Qui prétends permettre ?
Qui t'a octroyé ce droit ?

Permettre ou interdire,
Dis moi où est la différence !
N'est-ce pas toujours juger et soumettre ?
Un excès de pouvoir et d'intolérance.

Contente-toi de sourire
Sans besoin d'admirer
Celui qui a osé
T'ouvrir une porte que tu voyais fermée.

Ton horizon s'élargit ?
Un simple sourire pour merci.

Humeurs

Levé du mauvais pied, la mine rabougrie,
Le miroir-vérité m'inflige son reflet gris.

Au hasard d'une rue,
En offrande muette,
La croisée d'une inconnue.

Son visage-sourire
Souligné de deux yeux
De feu
Noirs,
Lointaine,
M'inspire :

Qu'importe les p'tits soucis.
La journée sera belle.
Je vais, chantant sous la pluie
Qui ne me mouille plus.

L'œil

Ma raison se trouble
En le découvrant,
Vif, chaleureux et perçant.
Iris foudroyant, tout doucement
Rendu sourd,
Anime ton regard-cerceuil.

Coffret à joyaux
Cueillis aux quatre coins du monde,
Gorgé de splendides pyramides,
De cité interdite,
De Kilimandjaro,
De malachite
Et de rares orchidées.

Aveuglé de beautés,
S'est fait imperméable
À la misère des cités
Suranimées de colères
Par trop sourdes
Et désespérées.

Ma raison se trouble
À la vue de cet œil
Si doux,
Riche de tant de merveilles
Et de jouissance,

Pitoyablement cassé.

Petites fleurs

Coquelicots en calicot,
C'est le printemps, jupes aux vents.
Suffit d'un rien pour l'œil coquin.

Maman somnole,
Papillon vole.
Œillet caché,
Belle orchidée !

Fleurs en bouton,
Petits cochons.

Trophées de l'an deux mil

Merci
Oncle Bill
Pour tes petites fenêtres
Gracieusement ouvertes
(contre monnaie) à toute l'humanité ;
Et pour la clarté de ta pensée discrète
Si bien normalisée.

Enfin nous allons pouvoir librement communiquer !

Merci
Chers Amis, Bayer, Monsanto, Novartis
Ou BaMonTis, nul ne sait,
Hormis les quelques anonymes bousiers avisés
Qui vous soutiennent,
De nous libérer de nos gènes
Indigènes désuets.

Demain,
Enfin parfaits à l'identique,
Zoos, phytos ou z'humains
Nous sentirons tous bien...

Moins gênés
Par la vie.

Téléréve

Après l'épisode sylphide et minut'soupe,
Face à la baie magique, la troupe.
Actualités consuméristes,
Publicité… publicité,
Vient l'émission tant attendue.

Sur piédestal de journalistes,
Soirée gala chez m'as-tu vu.

Jeu pour tous ceux
Qu'la poudre aux yeux
Endort la nuit
Dans leur misère.

S'il est des rêves fallacieux,
Celui-là seul mérite guerre.

La bonne allure

Tiens !
Serge s'est acheté
Une superbe voiture
Au salon où rutilent
Les toutes dernières sorties,
Haut de gamme,
S'il vous plaît, vous vous en doutez.

Bien !
Peux-tu l'ignorer,
Et aller ton allure
Sans rien changer de ton cap futile ?...
Elle est partie,
Embarquée par la nouveauté, ta femme.
Vous l'aviez deviné !

Pour ce petit rien,
Cocu,
Qu'as-tu vraiment perdu ?

La vie sévit toujours
Dure,
Tant que dure la flamme.

L'ingénue

Dangereusement belle,
Tu joues de l'effet de surprise
À la rencontre de tes prunelles
Perçantes.

Vacille la sagesse
De longue haleine acquise.

Apeurante...

On devine
Au tranchant de ton sourire énigmatique,
Au port de ta poitrine
Conquérante,
Le plaisir que t'inspire
Le pouvoir de troubler,
Plus encore : de nuire
À ma sérénité tranquille.

La force de séduire.

Âme sidérale

Dame Lune bleue
Indélébile,
Fondue au zénith azur
De même couleur,
Mimétique,
Se voile d'un fantôme blanc
Extatique
Aux heures de douce langueur.

Sur la planète bleue,
Terre à terre,
Des hommes
Raisonnent,
Triment et besognent,
Raides et sérieux,
Sans rêve... inutiles et farfelus.

L'otage

La vie n'est que jalousie.
Plus tu courtises la mort,
Son intime ennemie,
Plus elle déploie d'efforts
Pour te séduire.

T'interpelle de sourires ;
Te prend à bras le corps ;
Te couvre de caresses ;
T'aguiche de tous ses fards
Quand tu l'ignores
Et oses
Poser ton regard
Sur celle qui sera ta prochaine maîtresse.

Non mais !
Tu es libre.
Tu ne peux être marié
À une amie aussi possessive.

Le pigeon plumé

À la banque
Du bon sens,
Tes plus fols projets
Sont dignes d'insouciance
Et d'un grand intérêt.

Que l'argent te manque ?
Ta généreuse amie financière,
Pas chiche comme l'écureuil
Ou la fourmi sa voisine,
Est là pour t'en prêter.

Une fois le pigeon plumé
Et la source tarie,
Tombe l'interdit
Et débarquent les huissiers,

Moins pour lier amitié
Que pour constater l'ampleur de ta naïveté.

L'actualité diplomatique
(journal sérieux, pas fait pour rire)

Ce soir, on rie à Kigali.
À la vente, les billets sont gratuits.
Finie la faim, on fait la fête.
On fait la fête, il y a du riz.
On fait la fête, même sans le beurre.

Et sur les rives d'occident,
On geint, larmoie et pleure.
Vient-il d'orient
Ou bien de chine, ce vilain vent ?
Le travail est un luxe trop cher,
Payé au lance-pierre,
Insuffisant pour acheter le moindre amaigrissant.

Laborieuses travailleuses, laborieux travailleurs
Et tout les partisans d'Arlette Laguillier,
Cessez de maugréer contre vos supérieurs !
Souriez, le dos courbé
Mais souriez de bon cœur
Sous peine d'être remerciés.
Tant de chômeurs frustrés
Attendent un boulot, un salaire.

Parole d'actionnaire !

Les restos du cœur sont fermés.
C'est la mort des gens bien,
Dans le monde, quand la bourse s'effondre.

Les chinois sont malades
D'une maladie qu'on ne connaît pas.

Pas nous !

14 mai 2003
non paru, faute de grève

Tribulations verbales

Pour aller ailleurs de soi
Laissez-vous tenter par ce fabuleux
Moyen de locomotion :

Sans ticket,
Ni heure de départ,
Ni heure d'arrivée,
Toutes destinations,
Toutes époques,
Toutes sensations,
Toutes idées,

Sans limites,
Tout autre.

Les mots des poètes
Pour un voyage extraordinaire.

Le boléro

Pourquoi t'avouer que je t'aime ?
Tu risques de croire
Que je mens.

Quand je te dis : je t'aime,
Tu as tort de me croire,
Je te mens.

C'est ainsi que l'on s'aime,
Sans trop y croire,
Assurément.

C'est ainsi que l'on s'aime,
Sans jamais savoir
Si l'un ment.

C'est ainsi que l'on s'aime,
Sans jamais savoir
Lequel ment.

Certaines y substituent la haine,
Faisant mine de croire
Échapper aux tourments.

L'erreur est bien humaine.
Pas d'histoires !
L'amour également.

Vivent les amours humaines,
Leurs histoires
Et le vent.

?

Quand demain
Sera hier,

Quel chemin parcouru ?
Vers quel but ?

Dès lors, cultive
Une interminable enfance.

Mots et pensées

Qu'en est-il,

Du tableau,
Du boléro,
D'un semis,
D'une fleur au fusil ?

D'anodines histoires sans paroles ?

Et du silence ?
De la peur qu'il engendre ?

Avare de mots celui qui connaît
Leur pouvoir de diversion
En l'absence de pensée.

Un plaisir simple

Tout petit
Et naturellement mutin,
Tu te souviens ?

Le plaisir était là,
Dans ces incessants pourquois.

Le but du jeu
N'était pas un parce que.
Pour lui,
Parce que est comme le puits
Du jeu de l'oie.

N'a aucune honte de son ignorance
L'enfance,
Ni du bien,
Ni du mal.

Rien à ses yeux n'est parfait
Ni figé
Pour ce jeune révolté
Qui joue l'impertinence
Contre la connaissance
Et ses certitudes carrées.

Souviens-toi
Ce doux temps-là,
Le temps des pourquois.

Pourquoi Papa a un gros zizi
Quand Maman lui sourit ?
Parce que...
Il est amoureux.
Pourquoi il est amoureux Papa ?
Parce que Maman lui plaît.
Pourquoi elle lui plaît ?
Parce qu'il la trouve belle.
Pourquoi il la trouve belle ?
Parce qu'elle a de jolis seins.
Pourquoi avoir de jolis seins ?
Pour aller au bal.
Pourquoi aller au bal ?
Pour danser et faire voir ses jolis seins.
C'est vrai qu'elle a de jolis seins !

Ouf ! Enfin
Fallait bien une fin.

Pourquoi il faut une fin ?
Si tu te souviens d'une seule réponse,
Tu as tout faux.

Révolution
(Avant avant est maintenant)

Avant ?
C'était au temps
Où j'étais grand.

Jouant les sérieux,
Travailleurs et indispensables productivistes,
Faisant le jeu des vieux
Moralistes
Socialement
Bien pensant.

Puis, au gré de quelques mésaventures,
Me suis révolté
Et
J'ai enfin retrouvé ma vraie nature.

Celle d'avant avant,
Lorsque j'étais enfant,
Attentif à tout,
Fragile et
Désarmant.

Voilà le résultat.

L'abandon

Grand :
De trop rares instants ;
Enfant :
C'est l'univers ambiant.

Vide,
Libre,
De toute contrainte,
De tout devoir,
De tout espoir
Ni de désir,
Sans la moindre résistance,

Ouvert,
Disposé à recevoir
Une quelconque divine offrande
Indue
Par-delà toute attente.

L'ailleurs

Il semble
D'autres lieux,
Exotiques,
D'autres temps,
Futuresques ou antiques.
Aux antipodes,
Buts de fabuleux voyages
Coûteux,
Obsédants et illusoires.

Car toujours et partout
Y plane l'indéfectible image,
La même empreinte,
L'ombre fantomatique,
Indélébile,
De soi,
Omniprésente.

Accepter de vivre
Avec ce fardeau
Inséparable
De son dos.

L'intermède

Gris, taciturne et froid,
Ainsi va l'hiver,
Au pas sûr et lent du paresseux,
Noir, glacial et social
Et l'impôt à payer
Pour fournir aux gendarmes
Le bel uniforme
Et le pouvoir de verbaliser.

Surgit une lueur :
La canicule de ton corps
Offert, abandonné,
Ouvert au plaisir partagé ;

Un bref instant de douceur de vivre,
Fugace.
Ivresse sans alcool,
Fruit de mon imagination
Sauvage.

Feu

Avec les voisins, à la veillée,
Les visages burinés,
Les corps moulés d'albâtre,
Assis face à la cheminée,
Au soir froid,
Le feu crépite dans l'âtre.
Au chaudron gogotent les marrons.
Une poule frémit dans l'oule.

Pour unique chaleur et lueur,
Dans la pièce odorante,
Dansent les flammes :
Âme du chêne vigoureux
Abattu sans état d'âme.

Prévoyant,
De milliers de glands,
Il s'était accouplé à la terre
Pour nourrir leurs enfants.

Désormais,
Un couple transitaire, solitaire,
Semble désabusé
Dans le piètre confort
De ce loft submergé de lumière
Et de chaleur nucléaire.

Une boîte magique
Impose ses images électroniques.

Poursuivant l'aventure,
Bien installés dans leur mort,
Au cimetière abandonnés,
Des ancêtres farandolent en feux follets.

Esquisse
(Le pouvoir de la modernité)

À côté,
Parallèle,
Même sens,
Même temps,
Sentier ou autoroute,
Va son pas
Et pressé.

C'est la mode et non-choix :
Les moutons de Panurge
Susurrait Rabelais*.

* un antique penseur, amuseur de surcroît.
De nos jours, ils s'adaptent et circulent en avion.
Courage ! Suivons !

Mes amis

Mes amis
Sont...
Différents :

Ni les mêmes défauts,
Ni les mêmes soucis,
Ni le même sens du beau,
Ni les mêmes interdits.

Inconnus et trublions,
Ce qu'ils peuvent avoir d'enrichissant
Ainsi.

L'innocence défunte

Blessées au vif de notre amitié,
Mes étoiles font mine de m'ignorer
Depuis que j'ai grandi
Et ma lune aussi.

Elles ne me disent plus bonjour.
Nos regards ne se croisent plus.
Plus un mot
Ni le moindre sourire.

Plus qu'une haine,
Une déception,
Une indifférence.
Une douloureuse distance.

Pourtant, je me souviens :
Gamins,
Une ficelle, une boîte de conserve pour trésor,
Nous étions si copains,
Si riches de nos éclats de rires
Et de nos cheveux d'or.
Que de journées nous avons passé ensemble.

Auriez-vous honte de moi aujourd'hui ?
Vous ai-je à ce point trahies,
Un billet dans la poche ?

Les noms

De mon éducation,
Je retiens la tentation
De paraître un jour dans le dictionnaire,

Aux noms propres
Parmi :
Attila,
Napoléon,
Mao,
Staline,
Pol Pot,
Et autres Hitler.

Après les communs, sans intérêt,
Comme :

Tendresse,
Enfance,
Amitié.

C'est vrai.
C'est bien ainsi qu'ils sont rangés
Dans le dictionnaire.

D'avec l'excellence,
Aujourd'hui, curieusement,
Je garde mes distances.

Soufi

Témoin d'une anodine
Crise de jalousie
Féminine,
Fais mine
De prendre parti :

« Vous êtes plus belle l'une que l'autre ! »

Elles me sourient.
D'évidence sûres,
Chacune
D'être l'une.

L'info borgne

D'où vient que des hommes
Se soient tant fatigués
À inventer l'œil borgne ?

Avec un regard si étroit,
Cet œil qui informe,
Du doux nom de caméra ;

Et les baies cathodiques,
Pour unique ouverture
Dans des pièces obscures ?

Le temps de vivre

À ton bras,
Tu portes une montre
Qui ne montre pas
D'heure.

Remplaçant
Le cadran :
Un gri-gri.

Tu vis
À l'heure de boire,
À l'heure de manger,
À l'heure de s'aimer sans compliquer l'histoire,
À l'heure de rêver,
À l'heure où les banques sont fermées,
À l'heure de dormir,
À l'heure où dorment les censeurs.

Ainsi,
Sans fureur,
Toujours à l'heure
Du bon moment.

Avec ton sourire d'enfant.

Un charme indéfinissable

J'aime
La douceur étrange
De son sourire triste
Et des mots
Qu'il murmure.

La fantaisie des arbres oiseleurs

Perchoirs aux oiseaux,
Sans barreaux,
Cheveux aux vents,
Les arbres.

Viennent s'y reposer,
Tantôt un corbeau,
Le voici corbillard,
Tantôt un pinson sur une feuille,
C'est le poinçonneur du boulevard
D'Arcueil,
Un pic-vert dans le trou de son œil,
Le voici piqueur,
Un merle,
Un merlin enchanteur,
Une grive,
Un grivois,
Un étourneau,
Un étourdi,
Un pigeon,
Un pigeonnier.

Les arbres sont tous oiseleurs,
Changeant au gré de l'oiseau
Qui vient y chercher repos.

Fourmiliers aussi
Quand des fourmis
S'attaquent à leur tronc
Pour le tronçonner
Sans succès.

L'homme, têtu, qui ne connaît
Ni les oiseaux ni les arbres,
N'aime changer ni de nom ni d'idée
À la vitesse où varient les choses,
Leur a donné des noms bizarres comme :

Figuier ou oranger,
Tout le temps,
Avec ou sans figues.
Des fois feuillus
Même quand ils sont nus.
Ou encore arbre.
Voir pire : bois…

Quand il ne veut plus leur prêter
Ni âme
Ni vie
Ni attention.

Hymne à rien

Qu'importe nanti ou ilote.
Tout un chacun, pour sûr,
Sans chichi,
Est l'invité du grand banquet
Pour s'y tordre la tripe.

La vie est un repas,
Une table à l'infini,
Tout au long du chemin
Des mers, des déserts et de la morne plaine aussi.

Des myriades de plats.
D'argent, gourmets ou géants.
Des fades, des amers,
Solitaires ou partagés,
Pimentés ou sucrés de petits fruits délicats.

Et tant de vins à boire
Goulûment
Ou à déguster.

À s'en faire péter la panse.

Paillardent, musardent.
Se rient des culs serrés bien mis.
Et, sans fin, s'enivrent
Aux cuisses des vertes demoiselles.

Jusqu'à ce que vienne
La torpeur tiède
De la sieste éternelle.

Ce que disent les yeux

À tout instant,
Je croise,
Découvre,
Ou cherche des yeux qui m'observent.

Un regard en éclair pour foudroyer.
Un regard pour saluer.
Un regard pour sonder.
Un regard pour estimer.
Un regard pour attendrir.
Un regard pour caresser.
Un regard pour séduire.
Un regard pour questionner.
Un regard pour comprendre.
Un regard pour acquiescer.
Un regard pour surprendre.
Un regard pour imposer.
Un regard pour résister.
Un regard pour compatir.
Un regard pour fuir.
Un regard pour blâmer.
Un regard pour admirer.

Et des milliers encore pour donner du sens
Aux mots
Prononcés ou au repos,
En silences
Dansent.

Ce que disent les yeux,
Tous ces regards merveilleux,
Pantois ou narquois,
Le téléphone ne s'en soucie pas.

La véritable recette de la tartine au fiel

Rêveur,
La tête ailleurs,
Vagabonde d'un autre monde,
D'un autre ciel,
Parfumés d'œillets
Çà et là parsemés.

Loin d'un soleil
D'artifice,
De lumière et de bruit.

Mes semblables
Ressemblent à une armée
Armée d'étranges armes.

Toute la panoplie
D'une force
Tératomique *
Imparable :

Raison,
Bien / Mal,
Argent.

Qu'ils fourbissent d'office
À leurs propres enfants,
Désarmants,
Fragiles,
Avec ce sourire
Innocemment crédule.

* téra : mille milliards de fois

L'arbre de Mirepoix

Passeront le temps
Et l'arbre de mil ans.

Vieil arbre ! raconte-moi ta vie,
Tes soucis et tes joies.
Vieil arbre ! raconte-toi.

« Né de l'an mil,
Mirepoix n'existait pas.
Mon gland s'enracina
Dans une clairière fertile.

D'une interminable averse,
L'Hers noya le village d'en bas.

Guy de Lévis fit abattre tous mes frères
À grands coups de cognée
Et d'herminette pour en faire
Des troncs et des branches carrés :
De solides piliers
Pour supporter ces lourds nids de pierres,
En bastide érigée.

À mon ombre, l'été,
Tant d'amoureux se sont aimés,
Offerts.

De vieux hommes ridés
Y racontaient leurs guerres.

Sur une brindille
Un rossignol, la nuit, venait clamer ses trilles.

Aujourd'hui, débarquent des cités
Des touristes armés
De cette boîte à œil borgne
Pour figer sur des petits bouts de papier,
Une mémoire virtuelle,
Immortelle,
Affublée de leur trogne.

La nuit,
Sur les monuments du temps enjolivé,
Interdisant le tri naturel de l'oubli,
De puissants projecteurs
Projettent leur lumière aveuglante
Et m'empêchent de dormir.

La nuit, le jour.
Toujours, toujours agressé
Par les déchets des hommes.
Mes feuilles sont maculées sans vergogne
D'oxydes de carbone
Acidulés.

Adieu,
Je vais mourir.
Merci de m'avoir écouté. »

Un oiseau de trop

Pour un cui-cui joli
Mais un rien différent
De celui de mes frères de couvée,

Aujourd'hui,

Je me sens comme
Un enfant sans mère

Rejeté,
Loin,
Très loin du nid
D'où l'on m'a envolé

Un matin noir de printemps.

Les obscures

Regarde le silence !

La nuit noire.
Mon ombre et ses ténèbres.
Une veine d'anthracite.

Des myriades de pétales diamants
Dispersés dans le ciel.

Sculpture d'ébène,
Perle solitaire,
Noire,
Mon amie.

De ses yeux de jais
Crépitent des étoiles.

Les images de fuite

Il est toujours temps
De réapprendre à prendre le temps
De se vivre.

Il suffit de constater les dégâts :
Un fantôme a pris le pas sur toi.
Vitesse et précipitation insidieuses
Ont brouillé ton regard hagard et morne.

Tu ne t'accordes plus un seul instant
Pour admirer les fruits de ton imagination,
Expression de tes besoins intimes,
Relégués aux oublies.

Esclave asservi, téléguidé
Par la publicité et l'intoxication médiatique.
Privé de distance,
De moments de réflexion,
Les images des autres
Te semblent bien plus riches et belles
Que les tiennes.

Tu évolues à l'ombre, dans l'air du temps,
Où vivre les autres paraît valorisant.

Pourtant, se vivre
Est bien plus enrichissant pour autrui.

Voilà un beau défi.

Quidam

Sous le costume d'une même âme,
Toute en caresse
Et fil de haine,
Blanche colombe
Et noir corbeau.

Au fond des yeux, brûlent des flammes
Et dans la bouche, des glaçons.
Devant la bière, un froid frisson,
Puis cri de joie, face au berceau.

Juste équilibre d'aucun effort,
C'est l'unité qu'exhale ce corps,
Flamboyant ses couleurs diaprées.

Paradoxe et complexité,
Tout quidam vaut d'être admiré
Comme une fleur ou une étoile,
Pour le mystère de son voile.

Flap désir

Petit grain de folie
Ou petit lutin coquin,
Je pense à toi souvent
Ou en rêve, je ne sais pas.

Je n'aime pas le téléphone.
Tu ne me téléphones pas souvent.

J'ai peur de t'oublier,
De cesser de rêver
À ces instants magiques
Quand nous nous sommes rencontrés,
Enfants.

Rêveur toujours demeure
Avec ce désir pas raisonnable
Mais si agréable
Et tentant
De partir à l'aventure,
L'irrésistible attrait de l'inconnu,
Du risque et du danger :

L'aventure de toi.

L'arbre noctambule

Une soirée de détente
Joyeuse chez mes amis
Attentifs et disposés
Aux plaisirs partagés.

Bien-vivre :
Apéritif, petits plats gourmets aux fins épices
Et bons vins à régalade.

Bien-être :
Regards complices
Et franches esclaffades.

Euphorie :
Paralysie du temps,
Fi et absents les soucis.

Une fatigue tardive
Inflige un au revoir
À regrets.

Et roule carrosse !

Quand, mal réveillé,
Ebloui par les phares,
D'un fossé, surgit un arbre.

Apeuré par le bruit des pneus
Qui crissent droit sur lui,
Plutôt que d'esquiver,
S'est jeté sur moi de tout son poids.

Moralité :
Méfiez-vous de l'arbre qui dort.
Ébloui, il devient agressif.

L'alphabête

Nés sur la même planète.
À côté, à trois pas.
Allaités des même mots.
Éveillés aux semblables et incessants pourquois.

Une langue commune
Empreinte d'humanisme.

En héritage,
Les mêmes auteurs classiques,
Savants, dieux et philosophes
Étudiés jusque dans leurs moindres replis non-dit,
Obstinément approfondis, extrapolés.

Pour fruit de tant d'université,
Enseignée d'excellence,
L'incontournable diplôme, l'émancipation :
Enfin « maître es alpha ».

Imprévus,
Surviennent frontières et labyrinthes
Des désirs,
De l'incompréhension.
Panique et désarroi.

Curieux outils les mots !
Sont-ils des paravents
Pour éviter de se voir
Lorsqu'on se déshabille ?

Privé du mode d'emploi affectif adéquat,
Bleus à l'âme.

Chromologiques

Couleurs d'apparat :
Habits de lumière et robe blanche.

Képis blancs et bérets verts :
Couleurs de guerre.

Casques bleus :
Couleur de morts.

Fleur bleu.
Vie en rose.
Rires jaunes.
Colère noire.
Honte rouge.
Bleus à l'âme.
Humeur grise.
Bec jaune, blanc-bec.
Vertes années.
Blondes, brunes et rousses.
Peau-rouge, Pied-noir.
Visage pâle, teint basané.
Barbe bleue, Cheveux blancs.

Jours noirs.
Nuits blanches.

Couleurs d'être.

Avec modération

La sagesse veut,
Par usage,
Ne jamais faire d'excès.

Cela dit, de fait,
Ne devenir que sage
Le serait si peu.

Un air de liberté

Le cheval galope.
En écho,
La salope* cavale.

Léger et légère,
Libérés du poids de la terre.

* Mot choisi à dessein pour la rime et la provocation, à prendre au sens non réprobateur, admiratif et tendre de « libertine »

Médecine alternative
(Le choix des ordonnances)

Diagnostic : hypertension
Objectif : tension standard
Traitement : un comprimé d'irbésartan par jour
Durée : longtemps ou moins si tu meurs avant.

Ou

Diagnostic : somatisation* d'un mal-être
Objectif : bien-être
Traitement : tomber amoureux trois fois par jour
Durée : à vie
Contrôle de routine à la fin du traitement.

* se faire une maladie

La douceur d'un prénom

Justine !

Un joli mot qui chante
Et résonne dans ma tête.
Si fade pourtant
Au regard de celle qui le porte.

D'une étoffe trop courte,
Il me laisse entrevoir
Ta voix et tes cheveux
Qui s'envolent au vent,
La caresse de tes yeux,
La rondeur de tes fesses,
La pointe de tes seins,
Offertes à mes yeux indiscrets.

Rêveur émerveillé du beau jour
Où je t'ai rencontrée.
Douceur enivrante
D'avoir été là, à ton côté, un instant.
En heureux prisonnier,
J'en oublie ton prénom
Porté court et charmeur.

Ce prénom coquin
T'habille si bien :
Justine !

Les moindres

Au temps de la grande Rome,
Coexistaient l'élite et les ilotes.

De nos jours modernes,
Le balayeur balaie
Devant le PDG,
Derrière aussi pour effacer les traces qu'il a laissées ;
Devant et derrière le préfet,
Le ministre et leurs honorables invités.

Il met tout son honneur
À tenir toujours propre,
Sans oser demander la légion d'honneur.

Dehors, dans la rue,
Ce n'est qu'un inconnu.
Il ne parle pas très bien français.
Présumé suspect,
La police lui demande souvent ses papiers.

Le balayeur est un nanti !
Parmi ses amis
Est un chômeur fatigué
De devoir sans cesse dire merci
Aux tatillonneurs de droits
Et remplir le bon papier
Qui fait force de loi,
Même pour un généreux RMI !

Vu à Toulouse et à Paris,
Les grandes Rome d'aujourd'hui.
Soucieux d'entrevoir
Un sens à l'histoire,
Concentré de société et d'immobilisme,
Socialisme est de ces mots mélodieux qui chantent :
Utopie pour niais.

Le rançonneur des lilas

Ce n'est pas faute de te l'avoir dit
De ne pas voter J.C.

Mais, emporté par un mouvement d'allégresse,
Toi aussi, tu t'es mis à rêver
De sauver la démocratie,
En instance de détresse.

Tu l'as sûrement écouté,
Mais tu n'as pas crû ton ami l'anarchiste,
Farfelu déserteur non affilié.

Maintenant, tu déchantes.
Ses oiseaux de mauvaise augure
Ne t'ont pas oublié :
Voici leur facture
Et l'impôt à payer
Et montrez vos papiers ...

Que tu aies une maison ?
Voici la taxe d'habitation.
Que tu n'en aies hélas non ?
On te taxe de vagabond.

Tu découvres un peu tard
Le Rançonneur des lilas,
Président de ton choix.

À cent lieues

Une ambiance peu ordinaire
Règne en ce matin tardif :
D'apparence sincère,
Des visages maladifs
S'échangent des vœux
Pour trois cent soixante cinq soleils radieux.

Tiens !
Ils ont encore dû changer
L'année.

Dommage !
Je la trouvais pourtant bien,
Celle où je t'ai rencontrée.

Ils avaient déjà changé
L'heure,
Ce jour où nous étions si bien ensemble.
Tu en étais partie
Et aussitôt m'avais manquée.

Pourquoi cette manie
De changer tout ce qui nous va bien :
Les heures et les années,
Sans trêve et sans repos ?

Fol coquelicot !
M'es-tu toujours amie,
A cents lieues d'ici ?

Après la tempête, le calme charognard

Un feu de flot carmin
Voguait sur ses vaisseaux.
D'indomptables galères,
Sous le vent des brasiers incendiaires,
Ont perdu le sens de l'eau.

De zéphyrs en risées,
De houle en dérives,
Surgissent écueils brisants
Pour épave linceul.

Impénétrable, abstrus*, le froid
Figeait en brumes obscures
Ses jours de noir pavot.

Son jeune elfe posthume
Attira les curieux,
Émergés du ventre vide et fécond
De notre mère société,

Où un jour il vécu.

* superlatif d'impénétrable pour feindre l'intelligence.

L'arbre et l'ours

Un arbre seul,
Unique rescapé du bulldozer-massacre,
Est plus arbre que jamais
Dans l'immense plaine remembrée :

Miracle de l'humaine bonté.

Un homme seul
Est un ours
Dans la citoyenne cité.

Un animal indompté !

Au secours !
La police !
Le SAMU !
Les pompiers !

Leurs poings* d'exclamation
Ne sont
Que des matraques.

* orthographe hasardeuse

Autan : vent cordial

Indomptable victime,
Des méchancetés qui lui sont imposées,
Le cœur ne choisit pas.

Cela n'est pas dans sa nature.
Il vous aime

Toutes intensément,
Chacune,
Seule et inaccessible houri*,
Très haut perchée
Au sommet de sa cime,
Sur son morceau de temps.

Mais le cœur est un nuage
Et le vent le transporte

De montagne
En montagne.

* « Princesse Charmante » dans certaines légendes orientales.

Bavardages

Les enfants nous cachent jalousement leur secret :

Celui de leurs paroles…

Le plaisir d'échanger
Des émotions,
Des interrogations,
Sans souci
Ni devoir d'influence.

C'est la raison des mots,
Ceux qui vivent en paix,
En harmonie
(Parfois tumultueuse),

Ceux qui ont du respect
Pour le silence.

Conseil aux enfants

Parlez, enfants
Parlez tant qu'il vous plaira,
Parlez tant que ce sera un jeu,
Tant que ce sera de vous.

Parlez pour de faux,
Pour de rire, pour de pleur.
Jalonnez les journées
De vos pourquois énigmatiques.
Hurlez à tue-tête
Vos histoires sans queue ni tête.

Enfants !
Pour de vrai,
Vous parlez de la vie.

Et vous, grands !
Continuez de réfléchir,
De conceptualiser,
Pour de sérieux.
Je sais là votre plaisir.

Mais de grâce, distancés,
Si loin qu'à s'interdire (la vie)

Je ne comprends rien de ce que vous dites
Et n'apprends plus de vous.

Taisez-vous !

Finie la poésie !
Voici enfin un vrai roman :
Quatrain à quatre pieds

Jour,
Pain,
Femm'*,
Fin.

* peut être remplacée par homm'

Table

Edition : La gouttière
L'Odyssée - 81540 Durfort (France)
Tél. / fax 05 63 74 19 00
Site internet : http://lagouttiere.free.fr

Composition : La gouttière / Impression : **Messages**
111, rue Nicolas-Vauquelin - 31100 Toulouse (France)

Dépôt légal : 3e trimestre 2003
ISBN 2-915044-05-8

Dans la collection poésie /la gouttière

Visages du Tarn
Jean-Pierre Gaubert
ill. de **Gaston-Louis Marchal**
Toute la diversité du département sous l'encre et la rime d'artistes-historiens. Un livre unique pour découvrir le Tarn à travers la poésie.
135 p - 15,30 €

Un tour en Sidobre
Jean Bonnet
illustrations de l'auteur
Une cartographie touristique et poétique du mystérieux massif pierreux et verdoyant.
55 p - 12,20 €

Poèmes insoumis
Yannis Youlountas
50 dessins par 17 illustrateurs dont le duo **Chérals, Marchal, Rasplus, Molinié, Baurens**...
La quête de plaisir et de liberté du poète-philosophe. Un succès d'une ardeur rare en poésie !
123 p - 6,10 €
3ème édition modifiée et enrichie

Vers natures
17 poètes d'ici rassemblés
préface de **J.-P. Gaubert**
Portraits et poèmes de **Ducuing, Monnerot, Gorin, Barthas, Debals, Fontanilles, Youlountas, Combe, Ferri, Cros, Elba, Vidal, Ferrant, Durbec, Duchêne, Gauduchon** *et* **Chaussinand**
186 p - 12 €

Le voyage des mots
19 poètes d'ici rassemblés
préface de **G.-L. Marchal**
Portraits et poèmes de **Maredance, Chauvin, Babine, Boutet, Meynard, Ducuing, Lamon-longo, Gorin, Ros, Marvil, Revesz, Youlountas, Elba, Durbec, Aussenac, Ferrant, Monnerot, Bonnet** *et* **Duchêne**
192 p - 12 €

Revol vers
Yannis Youlountas
17 ill. dont **Brandeau, Chérals, Rasplus, Marchal, Gateau, Micoud**...
Un regard sulfureux sur notre société et la puissance de l'argent-roi. Eclate alors une révolution surprenante...
98 p - 9 €
déjà la 3ème édition de ce roman en poèmes

Remonter le temps

Emile Coustellié

Un témoignage sur la fuite du temps et le souvenir d'une vie passée plus en harmonie avec la nature... L'éloge d'une existence qu'ont bien connue nos aînés. Des vers pour remonter le temps.

56 p - 8 €

Le long cours

Anne Chauvin

illustrations de **Marie-Josée Planson**

Une histoire d'amour avec la rivière Tarn en poèmes. Une évocation charnelle et visuelle de cette eau forte qui enchante, de ses berges et de ses habitants.

62 p - 9 €

Eclats de rêve

Françoise Meynard

préface de **Yannis Youlountas**

illustrations de **P. Chérals** et **L. Meynard**

Un cri venu des profondeurs de l'être pour une poésie lézardant nos prisons de silence et laissant jaillir la lumière.

80 p - 10 €

A l'ombre du coeur

Josiane Lamon-Longo

préface de **Françoise Meynard**

postface de **Pierre de la Voûte**

illustrations de **Roseline Goerlinger**

Une femme à la recherche du sens de sa vie. Des poèmes parfumés et sensuels.

72 p - 9,50 €

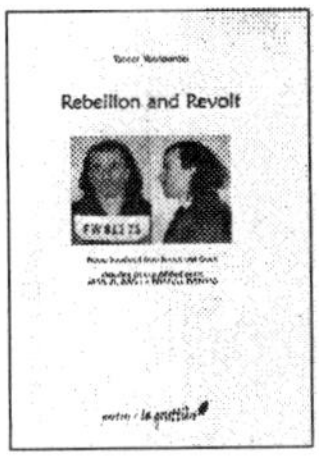

Rebellion and revolt

Yannis Youlountas

préface de **T. Duculng** et **K. McCartney**

postface de **F. Meynard** et **A. Thymidès**

illustrations de **P. Chavel** et **N. Chérals**

photos de **J.-N. Gros**

Sa première anthologie, en version bilingue franco-anglaise. Un astuce pour se perfectionner en anglais tout en y prenant plaisir.

78 p - 8 €

Confidentiel

Chris Marvil

préface de **Yannis Youlountas**

Une invitation au rêve qui est peut-être la vraie vie : celle que nous délaissons avec l'âge.

100 p - 11 €

vient de paraître

Echos délivrés (CD)

Yannis Youlountas et **Jacques Durbec**

Un compact disc réalisé par Frédéric Mazzolini. 38 poèmes de Youlountas interprêtés sur des musiques du guitariste Jacques Durbec. Une poésie "délivrée", à écouter partout, sans modération.

71 mn - 19 €

A la rencontre des poètes d'ici (CD)

Thierry Duculng, Françoise Meynard, Chris Marvil, Yannis Youlountas, Pierre Rouve, Anne Chauvin et **Tomas Maredance**

35 poèmes sur la liberté dont "La Castragnole" chantée avec le public.

71 mn - 15 €

Harem à rimes

Yannis Youlountas

préface de **Jacques Durbec**

17 illustrateurs dont **Gallard, Chérals, Gras, Rasplus, Marchal, Gateau, Revesz**...

Son nouveau recueil, cette fois érotique ! Une orgie poétique de désirs et fantasmes.

104 p - 11 €

vient de paraître

Dans la collection philosophie / la gouttière

Vous avez dit philosophie citoyenne ?
31 co-auteurs
direction **Yannis Youlountas**
dessins **V. Rasplus** et **J.-L. Raymond**
L'histoire et les débats de cafés-philo réunis au sein de l'Agora 81 afin de rechercher et pratiquer un dispositif participatif et autogéré.
270 p - 13,70 €

Comprendre le phénomène café-philo
27 co-auteurs
direction **Yannis Youlountas**
préface **Edgar Morin**
Les raisons d'un essor étonnant en 30 questions-réponses.
200 p - 15 €
2ème édition modifiée et enrichie

La philo ça sert à quoi ?
Petit manuel à l'attention de ceux qui n'y connaissent rien ou s'en moquent
scénario **Yannis Youlountas**
dessins **Patrick Chérals**
Ubu et Sophia s'interrogent sur la philosophie, sa place dans l'histoire humaine et la vie de chacun.
48 p - 6 €
3ème édition d'une BD de découverte

Animer un café-philo
Centralisation, délégation ou autogestion ?
direction **Jean-Philippe Blanchard**
photos **Jean-Pierre Seulin**
interventions de **Jean-François Chazerans, Carole Boutet, Yannis Youlountas, Eugène Calschi, Daniel Mercier, Gunter Gorhan, Bernard Benattar, Michel Tozzi** et **Francis Tolmer**
Questionnement entre animateurs au fil du 4e festival Philo des champs dans le Tarn.
24 p gd format - 5,50 €

Philosopher au café
direction **Eugène Calschi**
interventions de **Dries Boele, Gunter Gorhan, Yannis Youlountas, Bernard Roy** et **Michel Tozzi**
Réflexions et recherche de sens au terme du 3e colloque international à Noisy-le Grand.
164 p - 14,50 €

---------------- à renvoyer à : *La gouttière* L'Odyssée 81540 Durfort --- -------------

Je souhaite recevoir :

à l'adresse suivante :

Règlement joint de : à l'ordre de *La gouttière* **PORT OFFERT**